Bretons et Bonshommes

à Chaillot

(XIVe – XVIIIe Siècle)

BLOUD & Cie, ÉDITEURS

BRETONS et BONSHOMMES

à Chaillot

(XIV° — XVIII° Siècle)

Paul de CHALUS

———

Bretons et Bonshommes

à Chaillot

(XIVᵉ — XVIIIᵉ Siècle)

———

PARIS

BLOUD & Cⁱᵉ, ÉDITEURS

7, place St-Sulpice; 1 et 3, rue Férou; 6, rue du Canivet

—

1912

A Jacques-Maximilien-Baptiste BINSSE,
Comte de SAINT-VICTOR, je dois le meil-
leur de mes notes.

En les dédiant à sa mémoire, je les dédie
à ma femme dont le goût sûr et délicat, hérité
de son grand oncle, n'a pas été mon moindre
appoint.

PAUL DE CHALUS.

———

J.-B. de Saint-Victor, père de l'éminent Paul de
SAINT-VICTOR, est l'auteur du *Tableau Historique
et Pittoresque de Paris depuis les Gaulois jusqu'à nos
jours*, ouvrage en 8 volumes et 4 albums (Paris,
Lesage, 1822); il est également l'auteur de cette traduction en vers des Odes d'Anacréon, dont « le journal
des *Débats* » salua l'apparition par quatre mots plus
significatifs en leur concision, que les longues phrases
d'une préface : « Enfin, Anacréon est traduit ! »
Une première traduction du *Tableau de Paris* avait
paru en 1808.

Toujours Penthièvre m'a intéressé. C'est mon pays et, dès qu'il s'agit de lui, parallèlement à un autre sujet, il ne saurait rester incident. C'est pour cela que les *Bonshommes de Chaillot* dont le nom m'avait intrigué et avait inspiré mes premières recherches, sont devenus question tout à fait secondaire.

Avant que Nigeon n'eut disparu dans les envahissantes tentacules de la pieuvre voisine (1), avant que le manoir de Guy de Penthièvre ne fut devenu monastère, il y eut en ce village tout un passé breton. Il est éloigné de nous de plusieurs siècles — ainsi s'évalue la distance d'une période historique à l'autre. C'est très loin, c'est très vieux, or, le passé a son optique. L'essentiel, si l'on essaie de décrire ce que nous ne pouvons voir qu'au télescope, est de le mettre au point. Ma consciencieuse étu-

(1) Paris.

de, quelque peu conséquentes qu'en soient les pages relativement au contenu, y a constamment tendu.

Il m'a été donné de voir passer et repasser les princes, ducs et comtes de Bretagne et de Penthièvre, du comte Guy à Anne « la bonne duchesse », fille du duc François II, reine de France par un double mariage, bretonne quand même. J'aperçois, à la place du manoir, un monastère à la vaste chapelle surmontée d'un haut clocher. C'est le clocher des *Bonhommes* qu'Anne de Bretagne gratifia de sa résidence de *Nigeon*, dite « l'hôtel de Bretagne », un nom que justifiait la possession deux fois séculaire, ou guère ne s'en fallait, de ses « très hauts, très puissants et très illustres seigneurs ».

N'est-ce pas là plus que je n'en ai besoin pour un sommaire en trois points, à la manière méthodique de l'indispensable prélude des sermons d'autrefois :

I. *A. Nigeon.* — *Manoir et monastère* ;

II. *De la comtesse Jeanne de Blois à la « bonne duchesse », donatrice du manoir* ;

III. *Les bretons de la Reine Anne et ses Bonshommes (monastère).*

I.

A NIGEON

MANOIR ET MONASTÈRE

I.

A NIGEON

Manoir et Monastère

———

Nigeon ? Est-ce vraiment la peine de s'attarder, dans une Notice sans prétention, sur la question de savoir si le Nigeon qui s'est fondu en Chaillot ne serait pas la traduction de *Nimio ?* Pour l'admettre, il faudrait oublier *nimis* qui signifie *trop* et que Bertram, en saint évêque du viie siècle qu'il était, dont, au surplus, le diocèse qu'il administrait (le diocèse du Mans), était éloigné, légua *Nimio*, sa seigneurie et ses privilèges... tout ce qui lui restait, à l'Eglise de Paris. Ceci ne saurait contredire les savants qui placent l'antique Nimio à l'endroit même où fut bâti Nigeon.

Cette modeste évocation d'un latin qui n'est pas suspect est plus facile à contrôler que le *Celte Chal* ou *Chail* qui, au dire des mêmes savants serait le radical dont proviendrait Chaillot, par la raison assurent-ils que *Chal* ou *Chail* signifie « forêt, coupe de bois, abattis d'arbres ». Beaucoup de noms de localités ont, en France, la même racine, beaucoup d'individus l'ont aussi ; ils ne sont cependant pas tous descendants d'hommes des bois.

En Penthièvre, où le celte est inconnu, le participe *cheu* ou *ché* du verbe *choir* (tomber) suffirait, à mon avis, à exprimer la chute des arbres, leur abattage dans la forêt que les premières maisons de Chaillot ont remplacée pour ne pas aller si loin quérir ce qui s'offre si près.

« Le bourg de Chaillot existe depuis une époque très reculée. Sous son nom primitif de *Nimio ou Nigeon*, on le trouve mentionné dès le VIIᵉ siècle (1) ». Ne

-----

(1) *La Grande Encyclopédie*, t. X, p. 206, Paris, Lamirault.

peut-on en induire que le privilège du prieur de Saint-Martin-des-Champs de nommer les curés de la paroisse de Chaillot, remonterait non à la bulle du pape Urbain II, en laquelle l'église de *Calloio* aurait été reconnue par le Souverain Pontife de 1097, mais à 623, date de l'ouverture du testament de saint Bertram, donateur de Nimio et de ses privilèges à l'Eglise de Paris, aux droits de laquelle saint Martin pouvait être subrogé (1).

Chaillot, près Paris, il y a deux siècles et demi, est devenu *faubourg de Paris* (2) en 1659. Il est *quartier de Paris*

(1) Il n'y avait pas que le prieur de Saint-Martin-des-Champs à exercer ses droits sur Chaillot. L'Abbé de Saint-Germain-des-Prés avait le gracieux privilège de recevoir annuellement l'hommage de ses vassaux, sous forme de bouquets, « deux grands pour le dressoir et demi-douzaine de petits, avec un fromage frais, fait avec le lait de leurs vaches qui venaient paître à l'*Ile de la Maquerelle* (Ile des Cygnes), en deçà de la Seine, et un denier parisis pour chaque vache (Dubreul). — J.-B. de Saint-Victor, *Tableau de Paris*, t. II, 2ᵉ partie, p. 1042. — Paris, Lesage, 1822.

(2) Le nouveau faubourg s'appela Faubourg de la Conférence (conférence qui aboutit à la paix entre la France et l'Espagne).

depuis 1860. Mais qui donc, à l'époque où Chaillot était Nigeon, se hasardait à venir de Bretagne, le visiter ? Chemins presque impraticables aux voitures, aux cavaliers, ingrats aux piétons. Les distances semblaient d'autant plus énormes, que les heures de voyage actuelles sur nos lignes de fer se comptaient jadis par jours, par semaines même, s'il faisait de la neige et si les rivières venaient à déborder.

Si petit, cet « hôtel de Bretagne », ce manoir que J.-B. de Saint-Victor se hâte dès qu'il l'écrit, de le faire suivre du mot *châtelet*, diminutif de château, afin d'en souligner l'insignifiance par rapport à la qualité de ses châtelains, ce *nichet* ou *niget*, d'où nigeon (petit nid), comme disent encore, dans leur patois paysan, les vieilles gens de Penthièvre. Nigeon serait-il simplement issu d'un mot rustique et démodé ?

De toutes les querelles qui divisèrent le duché de Bretagne en deux camps, la plus violente fût celle qui, à l'ouverture de la succession de Jean III, s'était engagée entre Jeanne, fille de Guy de Penthièvre, et de Jeanne d'Avaugour, mariée à Charles de Blois (1), et son oncle Jean de Monfort, demi-frère de son aîné qu'elle représentait. Devant le droit, Monfort ne s'inclina pas. Il en appela aux armes. Charles fut défait et tué à Auray (1364).

Avant la guerre de succession, Penthièvre, mesuré en longueur et en largeur, d'après l'abbé Ruffelet, à l'époque où il y avait dans le comté des marcheurs à grande vitesse, ce qu'expliquaient les chemins non carrossa-

(1) Jean III n'avait pas laissé d'héritiers directs. Deux collatéraux restaient en présence : Jeanne et son oncle Jean.

Charles de Blois, de la maison de Châtillon, était neveu de Philippe V. En en parlant dans ses *Annales*, l'abbé Ruffelet fait suivre son nom de « *dit le saint* ». Ce n'est pas sans raison. La Cour de Rome avait été sollicitée par Charles V d'enquêter sur le comte de Blois à fin de canonisation, « mais Jean IV de Bretagne s'aperçut à temps qu'une telle enquête serait sa propre ruine. Il parvint à traîner l'affaire en longueur, et le projet n'eut pas de suite ». (*La Grande Encyclopédie* au mot *Bretagne*. T. VII). Allié des Anglais contre la France et les représentants du neveu de Philippe V, Jean ne pouvait que s'opposer à une canonisation, qui, en ces temps de foi, eut été d'un effet considérable en faveur de ses adversaires.

bles et par suite l'habitude d'aller à pied, « n'exigeait pas moins de trois jours pour le traverser en long, un jour pour le traverser en large (1) ». De la brouille entre Charles de Blois et Jean de Monfort résulta un tel gâchis, que « l'homme le plus dévoué aux intérêts de la province, Hugues de Montrelais, dégoûté (2) », démissionna de sa double charge d'évêque de Saint-Brieuc et de chancelier de Bretagne.

Ces préliminaires ne sont point étrangers à Nigeon. Le sort du manoir se lie étroitement à la bonne ou mauvaise fortune des hauts et puissants seigneurs bretons. Comment ne pas réserver la même part d'intérêt à l'aire où l'oiseau de grande envergure se posait pour reprendre son vol selon le vent qu'il jugeait favorable, et faire face aux péripéties décidant d'un ave-

---

(1) L'abbé RUFFELET. — *Annales Briochines, ou Abrégé Chronologique de l'Histoire ecclésiastique, civile et littéraire du Diocèse de Saint-Brieuc.* — Saint-Brieuc, Mahé 1771. « *Histoire de Penthièvre* ».

(2) L'abbé RUFFELET. — Id. « *Catalogue historique et Chronologique* des Evêques de Saint-Brieuc.

nir sans cesse incertain ? Comment ou
blier *Nimio* qui, de siècles en siècle
prépara les voies aux villages greffé
sur les côtes déboisées surmontant l
Seine ?

« Les habitants de cet antique villag
se répandirent peu à peu des deux cô
tés de la colline de Passy : les uns s
dirigeant vers l'occident, y bâtirer
Auteuil, les autres s'établirent un pe
plus près de Paris et créèrent ainsi l
village de *Chail* qui est devenu Chai
lot et fut réuni au domaine du roi (1) »

C'est presque mot pour mot le text
de M. de Saint-Victor, précurseur d
M. Doniol à 80 ans de distance (182:
1902). Rien n'est plus flatteur que
se voir ainsi adapté à une œuvre d
mérite, et si je n'avais peur d'enchâs
ser la perle d'autrui dans mon chato

(1) *Histoire du* XVIe *arrondissement de Paris*, par
Doniol, ancien Conseiller d'Etat, Inspecteur Géné
des Ponts et Chaussées en retraite, membre du Co
seil et de la Légion d'honneur et de la Commiss
Municipale du Vieux-Paris, Président de la Soci
Historique d'Auteuil et de Passy, pages 5 et 6. Par
Hachette 1902.

par trop modeste, j'abuserais beaucoup plus du savant auteur qu'il n'a usé de celui qui l'a précédé. Aurait-il omis son nom par hasard, c'est possible; ne l'aurait-il pas lu? j'en doute, car que n'a-t-il pas lu?

Vers l'Ouest, dirai-je en recourant au synonyme moins suranné qu'occident, on commença (1572) *le quai des Bonshommes*. Inutile d'indiquer d'où il tirait son nom; il aboutissait vers Passy et Auteuil à la *Barrière des Bonshommes* appelée aussi Barrière de Passy. Elle ne fut démolie qu'en 1867. (M. Doniol.)

Le quai des Bonshommes, aujourd'hui quai Debilly, est mentionné sur « le Plan Routier de la Ville de Paris et de ses Foubourgs » dressé par Charles Picquet en 1804. Il y est placé entre les quais de Chaillot et de Passy.

Pour y aborder, les voyageurs avaient la ressource du *passeur* qui accostait la *galiote* où il manquait rarement de clients. Ces galiotes étaient offertes aux navigateurs en Seine, « à la descente du Pont Royal, vis-à-vis la porte du jardin des Tuileries »(1), spécialement pour Sèvres et Saint-Cloud, tous les samedis. Les *batelets* qui faisaient concurrence à ce service se prenaient « sur le quai des Galeries du Louvre, en deçà du Pont Royal, vis-à-vis le guichet neuf, le Bureau auprès » (2). Prix unique : « cinq sols par personne » (3). Et le voyage par terre, demanderez-vous? On avait fini par l'établir, de Paris à Sèvres, mais si défectueux encore en 1788 (4), qu'en général le public préférait les chances de noyade ou de bain forcé, aux risques des abominables *guinguettes* roulant péniblement vers Sèvres. Pour cette banlieue, on s'adressait Bureau des carrosses, rue de Vaugirard (5). Au delà des barrières, soit que vous choisissiez *carrosses*, *chaises* ou *guinguettes*, le prix n'était pas fixe, « et il était prudent de faire marché avec le cocher, selon la distance où l'on voulait aller » (6).

(1 à 6). — *Almanach Parisien* pour l'année 1788, en faveur des étrangers et des voyageurs. Paris, Duchesne.

Je suppose que les seigneurs de Nigeon avaient leurs équipages sortis victorieusement d'une épreuve autrement longue.

De loin, en descendant ou en remontant la rivière, le haut clocher, à la flèche élancée, de l'église des Bonshommes signalait de loin aux voyageurs ce coin de Chaillot que beaucoup étaient désireux de visiter. L'église faisait face à la Seine sillonnée par les barques, principalement au temps où manquait la locomotion par terre.

A l'intérieur, « elle était ornée de pilastres ioniques (1) et de boiseries » (2).

« Le monastère pouvait contenir cent religieux » (3).

L'ancienne chapelle, trop petite pour le couvent considérablement agrandi et le nombre sans cesse augmenté de

(1) Colonnes carrées auxquelles on donne la même mesure, le même chapiteau, la même base et les mêmes ornements qu'aux autres colonnes (Urbain Vitry. *Dictionnaire portatif d'architecture*, p. 110. Paris, Andot, 1827).

(2 et 3) J.-B. DE SAINT-VICTOR. — *Tableau de Paris* « *Monastère des Minimes de Chaillot* ». T. I, 2ᵉ partie, p. 1053 et 1056.

ses moines, avait fait place à l'église
qui lui emprunta son vocable de *Notre-
Dame de toutes grâces*. Ce vocable cor-
respondait à celui de la chapelle de
Penthièvre qui l'avait consacrée sous
celui de *grande Puissance*, et que les
comtes de Lamballe avaient, de toute
antiquité, en singulière vénération.

Ce fut à Notre-Dame que Charles de
Blois transporta processionnellement,
à travers la ville, tête et pieds nus, *partie des reliques* de saint Yves. En 1435,
le duc Jean V de Bretagne érigea en
collégiale, l'ex-chapelle du comte de
Blois, gendre de Guy de Bretagne le
Seigneur de Nigeon (érection confir-
mée, le 23 décembre de la même année,
par François, comte de Monfort) (1).

Les Bonshommes de Chaillot n'a-
vaient plus à se plaindre de certain
voisinage qui faisait tache dans l'édi-
fiante ambiance avec laquelle tranchait
la vie que l'on y mena quelque temps.
Le maréchal de Bassompierre n'avait-

(1) RUFFELET. — *Annales* (*V. l'Abrégé Chronologique*, à la date de 1435.

il pas acquis, tout à côté, « la grande maison bâtie par Catherine de Médicis » (1). Ne s'y était-il pas installé en 1630 dans la pensée d'en faire un vide-bouteille. Bientôt on apprit qu'il y menait plus que joyeuse vie. Quelques années après, Henriette-Marie de France, fille de Henri IV, délivrait les voisins du scandaleux vide-bouteille. Elle l'acheta. Telle fut l'origine du fameux couvent de *la Visitation des Dames de Sainte-Marie* (2), germe fécond du bon grain, qu'il fallut sarcler de l'ivraie tenace sous forme de peintures du goût du libertin. Heureux furent les Bonshommes de constater que les maisons, comme les pécheurs, sont susceptibles de faire une bonne fin.

(1) Voir aux *Annexes de l'Histoire du XIV° arrondissement de Paris* (M. Doniol), page 258, sous la signature Edmond Wahl.

(2) Le *couvent* de la *Visitation de Chaillot* qui eut l'honneur d'avoir pour fondatrice Henriette-Marie de France, fille de Henri IV et veuve de Charles I, roi d'Angleterre (1652), servit de refuge provisoire à Madame de La Vallière, de retraite à Madame de Maintenon. Ne pas confondre ce couvent avec celui de la Visitation de la rue Saint-Antoine, ni celui des Visitandines de la rue du Bac, non plus avec le couvent dù

« Le jardin des *Bonnes Hommes* — c'est un touriste anglais qui conte ses impressions — est sur un rocher, avec plusieurs descentes... il y a une belle vigne et une gentille vue sur la cité. (1) »

Les vignes des religieux et des religieuses, celles-ci *dames haut-justicières* de leur seigneurie, confinaient les unes aux autres. Par la prolongation de la même culture, elles donnaient l'impression d'un même et d'autant plus grand domaine. Grâce à l'exposition ensoleillée du coteau où elles prospéraient à merveille, le raisin mûrissait assez pour produire un vin clairet. Guy de Penthièvre en buvait-il ? Menu détail dont l'histoire n'a souci, mais si les princes bretons buvaient de cette piquette, nul doute qu'ils ne la trouvassent inférieure au jus de leurs pommes.

Faubourg Saint-Jacques où se retira Madame de La Vallière, remplacée à Chaillot par Madame de Maintenon. Au nombre des princesses qui recoururent au pieux asile de Chaillot, la malheureuse épouse de l'infidèle Jacques II vint demander, en son cloître, un baume à son cœur ulcéré.

(1) Voir aux *Annexes de l'Histoire du XVI° arrondissement de Paris*, p. 258 (signature Ed. Watel.

II.

DE LA COMTESSE JEANNE DE BLOIS

A LA « BONNE DUCHESSE »

Donatrice du Manoir

De la Comtesse Jeanne de Blois
à la « Bonne Duchesse »
Donatrice du Manoir

———

En 1360, le manoir de Nigeon est possédé par Marie de Bretagne qui l'apporte en dot à son mari Louis d'Anjou, frère de Charles V.

Sans doute Monseigneur Hugues de Montrelais (1) ne fut-il pas étranger à la conclusion de cette union. Sa situation personnelle lui en facilitait les démarches.

« D'une famille noble, né sur les confins de l'Anjou et de la Bretagne, l'évêque de Saint-Brieuc n'avait-il pas été le négociateur habile du traité de Gué-

(1) Ne pas oublier que Monseigneur de Montrelais cumulait la dignité de chancelier avec celle d'évêque. (Voir ce qui a été dit à son sujet, p. 16.

rande (1365). Par ce traité, la veuve de Charles de Blois, cette femme « qui avait montré pendant la brouille autant de courage et plus de fermeté que son mari », retenait « Penthièvre, Limoges et quelques autres places ». (Ruffelet, *Annales.*)

Ce fut encore Monseigneur de Montrelais qui, en qualité de chancelier de Bretagne, avait été chargé par le duc, au service duquel le prélat — diplomate — était passé, de protester contre l'*hommage lige* que le roi de France prétendait recevoir de lui. L'habile chancelier obtint du roi, « par l'avis de son Conseil que cet hommage serait rendu tel qu'il devait l'être » (Ruffelet, id.). Mais l'hommage pour Nigeon, car Nigeon était du domaine du roi...! *De minimâ causâ non curavit prætor.*

Ce manoir, à part quelques interruptions de jouissance, ne sortait jamais de la maison de Bretagne, que ses seigneurs fussent ducs, suzerains ou comtes de Penthièvre, et ces seigneurs étaient tous de la même famille. Ils ne s'entendaient pas toujours mieux pour cela, mais il est certain que Nigeon devait à son éloignement de rester hors des querelles. En 1407, « il appartenait encore au duc de Bretagne. Il composa une partie des biens situés à Chaillot que le roi d'Angleterre donna, le 28 avril de la même année, au comte de Salisbury, avec un autre hôtel et des Terres qui appartenaient à un nommé Jean Tarenne. Ce comte n'y était que *pour sa vie* ; ainsi, Salisbury étant mort le 3 novembre 1428, le duc de Bretagne rentra dans la possession de ce domaine et en jouit jusqu'à son décès » (1).

Le petit-fils de Guy de Penthièvre, le fils aîné de Charles de Blois, Jean, avait eu le malheur d'épouser Marguerite de Clisson, fille du connétable, la pire des ambitieuses. L'histoire de « Margot » ne lui est pas favorable, la légende l'incorpora sous la forme d'une pie, l'oiseau criard et voleur au plumage blanc et noir : le blanc image du peu de bonnes

(1) J.-B. DE SAINT-VICTOR, *Tableau de Paris*, t. I, 2ᵉ partie. (En note de la page 1041.)

actions qu'on lui reconnaît, le noir du fort contingent de mal qu'on lui impute, d'où le nom donné, en Penthièvre, au bipède bicolore, de « pie Margot ».

Subissant la néfaste influence de sa mère, Olivier, aîné des enfants de Jean de Blois, se compromit avec elle dans un odieux complot contre le duc Jean IV que la mégère avait rêvé de supprimer. Les perfides, surprenant la bonne foi du duc à force d'encourageantes avances, l'attirèrent dans un guet-apens dont il ne sortit que grâce à l'empressement de gentilshommes fidèles accourus pour le délivrer. Conséquence : confiscation intégrale des biens du comté. Voué au mépris public, Olivier s'enfuit, non à Nigeon qui lui était dès lors fermé mais en Hainaut où il mourut (1433).

A son décès, Jean de Bretagne, frère cadet d'Olivier, devenait, faute d'héritiers plus proches et directs, chef de nom et d'armes de la maison de Blois. Sur les instances du connétable de Richemont « qui avait ménagé un accommodement entre Jean et le duc François I, François promit de rendre le comté de Penthièvre au frère d'Olivier (1) ».

Pierre II exécuta la promesse de son prédécesseur, Jean de Blois fut (1450) remis en possession des Terres confisquées. A sa mort, faute d'enfants, ce fut sa nièce Nicole, fille de Charles seigneur d'Avaugour, qui en hérita.

La nouvelle comtesse de Penthièvre transmit à son mari, Jean de Brosse, vicomte de Boussac, maréchal de France (2), la grosse succession de son oncle. Ce qu'elle n'avait pu prévoir, c'était, si la guerre éclatait entre le duc, son suzerain, et le roi dont relevait sa dignité, sa triste alternative ou de manquer à ses devoirs féodaux ou de se soustraire à ses devoirs militaires. Le maréchal n'hésita pas, il reprit son rang à la tête

_____

(1) Ruffelet. — *Annales « Histoire de Penthièvre »*.

(2) Créé maréchal en 1426, mort en 1433.

des soldats qu'il avait commandés.

Les bretons traitèrent de félonie un acte que les français tenaient pour loyal. François II qui criait à la trahison, fit durement sentir au mari de Nicole qu'il ne pouvait être comte en Bretagne et serviteur de son ennemi. Le duc reprit Penthièvre ; Nicole ne fut plus que vicomtesse de Boussac, et de la vicomtesse à la duchesse Anne, il n'est plus question de Nigeon.

En profond politique, François II ne s'était pas contenté d'un horizon momentanément éclairci. Non seulement il ne jugea pas prudent de rendre à la fille de Charles d'Avaugour son comté, mais loin d'imiter l'excès de générosité de ses devanciers, il frappa droit au cœur de la maréchale en lui enlevant Avaugour, le fief paternel. Le duc le reconstituait aussitôt en baronnie, titre qu'avait autrefois porté cette Terre ; il en disposait au profit d'un légitimé de Bretagne. C'était d'autant affaiblir Penthièvre, et en supposant qu'un descendant ou collatéral de Jean de Brosse eût la velléité d'une revanche, la moitié environ des forces antérieures du comté lui échappait : Avaugour s'augmentait à mesure que se diminuait la Terre démembrée en sa faveur.

Le passé instruit le présent et prépare l'avenir. En Bretagne où la lutte des intérêts fut toujours particulièrement vive, le minuscule nuage qui fait à peine tache au ciel bleu a bientôt fait de grandir et d'accourir, menaçant ; il le faut prévoir, s'en garer à temps. La jeune princesse avait été à bonne école ; comme son père, elle parait aux orages. Avant de prendre personnellement contact avec les « *Hommes* et *Hommesses* » (1) des Terres confis-

____

(1) « *Hommes* et *Hommesses* » ne surprennent pas les initiés aux devoirs féodaux. Quiconque était soumis à *l'hommage* devenait *l'homme* du suzerain auquel il le rendait. C'est de là que vient hommage. J'ai à mes archives, nombre d'actes anciens de la Seignerie de Lamballe. Entre autres actes relatifs aux *hommages*, je citerai ceux concernant la Ville Pierre-en-Illillion. « Le Sr Chevalier » et sa « dame » dont les terres relevaient de Penthièvre y sont qua-

quées, Anne abandonna pour dix ans
la jouissance de partie des biens con-
fisqués à Jean de Châlons, prince d'O-
range. En procédant de la sorte, elle
se dégageait des embarras inhérents
à tout régime de transition. Elle se
méfiait des rancunes des représentants des victimes de son père qu'une
aliénation, au lieu d'une jouissance
momentanée laissant une lueur d'espoir aux intéressés, pouvait exaspérer.

Les Etats Généraux entrèrent si
habilement dans le projet caressé
d'étouffer dans son germe le grain
de rebellion, surtout de ne pas lais-
ser échapper la Bretagne que convoi-
tait l'Autriche qu'ils provoquèrent la
rupture des fiançailles de Claude de
France avec Charles d'Autriche pour
marier le duc d'Angoulême à la fille
de Louis XII et d'Anne de Bretagne.

lifiés « *Homme* et *Hommesse* ». Dossier de la Ville
Pierre. Le titre de duc fut confirmé par Lettres-patentes
à l'acquéreur du duché, Louis Alexandre de Bourbon,
comte de Toulouse, père du duc de Penthièvre dont
la princesse de Lamballe fut la belle fille et le roi
Louis-Philippe le petit-fils.

Ce mariage qui eut lieu en 1514 était déjà un acheminement à la réunion à la France de la grande province de l'ouest. Elle s'accomplit en 1532. Restait à prévenir une dernière chance d'étincelle et, depuis son avènement au trône (1515) ce fut la préoccupation constante de François I, le beau prince qui, par patriotisme, s'était résigné à subir l'union, due aux Etats Généraux, avec la si disgracieuse princesse qu'était Claude. Pour en finir avec le point noir entrevu à l'horizon breton, François se décida à traiter avec Jean IV de Brosse, duc d'Estampes, par suite du mariage que le roi lui avait fait contracter avec Anne de Pisseleu, duchesse d'Estampes par bon plaisir royal. Le don de sa favorite gagnait à François le cœur de Jean, aux droits de Nicole et du maréchal de Brosse, comte de Penthièvre avant la confiscation du comté.

En vertu de ce traité habilement ménagé par Anne « dame de Brosse » par son union, « duchesse d'Estampes » par faveur du roi, et « dame de Vertus » par ses parchemins, Penthièvre faisait retour à la maison représentée par le duc. Celui-ci, en échange, abandonnait à François « toutes prétentions que lui et ses successeurs auraient à faire valoir sur la Bretagne ». (Ruffelet. *Annales.*)

Décédé en 1564, le duc d'Estampes ne laissait pour héritier qu'un neveu, Sébastien de Luxembourg, dont la mère était née Charlotte de Brosse.

III.

LES BRETONS DE LA REINE ANNE ET SES BONSHOMMES.

(Monastère)

III.

Les Bretons de la Reine Anne
et ses Bonshommes

(Monastère)

I. — *Les Bretons à Paris*

Nigeon pouvait être fier de sa « dame ».

Anne l'était moins de son manoir; elle n'en chérissait que davantage le pauvre petit coin breton. « La dame de Nigeon » le chérissait d'un amour comparable à celui du marin qui, là-bas, dans le port étranger, salue d'une tendresse filiale le drapeau français battant les trois couleurs de la mère-patrie sur le plus méchant bateau.

La « bonne duchesse », ainsi continueront à l'appeler les entêtés bretons, arrivait à la Cour de France, accompa-

gnés de gens qui, oncques, n'avaient
mis les pieds hors de leurs campagnes.
Beaucoup ne comprenaient mot de français, quelques-uns parlaient le patois
de Penthièvre ou du haut pays, la plu-
part étaient bas-bretons, tous préten-
dant s'exprimer dans « la vraie langue »,
mais la *vraie* langue se composait de
dialectes si différents qu'à entendre les
gars de Tréguier, du Léon ou du pays
de Vannes (1), chacun de leurs dialectes
était « la vraie langue. » Seuls, trois
mots français ralliaient ces polyglottes :
« la bonne duchesse ».

Ils ne plaisantaient guère, ces gars
au guttural accent, quand ils traitaient
Paris en pays conquis, leur duchesse y
venait en reine, alors pourquoi incli-
ner leur parler national devant le jar-
gon parisien ? Comment ceux qui flé-
trissaient du nom de « sots bretons »
ceux de leurs compatriotes étrangers à
leur langue, pouvaient-ils se figurer que
dans un pays où trônerait « la bonne

(1) Brézonek, par exemple, dans les autres dialectes, Bréc'honek en Vanétais.

duchesse », elle avait accepté de partager le lit d'un *sot breton* ?

Parmi des gens de la suite d'Anne, il y en avait bien qui écorchaient notre langue et qui, le long de la route de Bretagne en France, avaient eu l'occasion d'acheter du *pain* et du *vin*. Personne d'entre eux n'ignorait ces deux mots, mais tous ne voulaient connaître que *bara* et *gwin* (on prononce *gouine*) Tant pis pour les ignorants, le *brezonek* s'apprend ; il n'abdique pas.

Les gars recouraient de préférence aux signes. On ne communique pas autrement avec les sauvages, et les parisiens qui n'étaient point encore de tous les pays disaient de ces « étrangers qu'ils *baraguinaient*. Pardon ! leur *oui* et leur *non* « *ia* et *nann* » eussent pu faire croire aux allemands entendant prononcer ces *oui* et ces *non* qu'ils étaient chez eux. Même chez le boulanger et chez le cabaretier, bretons, allemands, anglais auraient pu à la rigueur se comprendre : *bara*, c'est *brot* en allemand, *bread* en anglais ; *gwin* se traduit par *Wein* en pays d'Outre-Rhin, *Wine* en anglais. Des quelles de ces langues dérive le langage « corrompu » selon l'expression calomnieuse de nos dictionnaires ? Le *brézonek* ou *Bréc'honek* vient-il de ces langues, ou sont-elles celles qui « baragouinent » ?

Au mot *baragouin* (p. 197 de son *Dictionnaire universel* — tome II). M. Pierre Larousse le fait remonter aux Francs qui ne comprenaient pas mieux que nos parisiens du xve siècle le *celte bara* et *gwin* ». C'est aller chercher un peu loin l'origine d'un mot absolument inconnu avant 1493, l'année où « la bonne duchesse » arrivait à Paris. Voilà au moins une date certaine que n'a pas celle de la découverte de M. Larousse. Jamais on n'en parla, je le répète, avant 1493, tandis que, suivant cet auteur, lui-même, foisonnent les écrivains postérieurs qui ne mettent certainement pas au tableau d'honneur le malheureux « baragouin ». Dans la liste qu'en donne le *Dictionnaire universel* figure

Mme de Sévigné. Il est vrai que la grande dame habitait près Vitré, qu'elle n'était qu'à demi bretonne, et qu'aux alentours des Rochers, personne ne baragouinait. Elle allait, si bon lui plaisait, à la rencontre de bara et de gwin, mais jamais si loin, dans les lieues qu'elle devait faire vers la Basse-Bretagne, que M. Larousse, en histoire, chez les Francs et les Celtes. A quelle époque ? N'insistons pas.

II. — *Les Bonshommes à Nigeon*

« Six Minimes envoyés par Saint-François de Paule, vinrent à Paris où ils furent reçus dans la maison du Grand Pénitencier. En 1493, ils allèrent habiter *près de Nigeon,* une tour qui leur avait été donnée par Jean Morhier. *Anne de Beaujeu leur fit présent d'un manoir qu'elle possédait près de Chaillot et d'une propriété dans laquelle se trouvait une chapelle de Notre-Dame de toutes grâces* (1) ».

(1) Pierre LAROUSSE. — *Dictionnaire Universel,* t. II, p. 988.

A part la précision que M. Larousse apporte en ces lignes sur le nombre des religieux qu'hospitalisa, à Paris, le Grand Pénitencier en attendant leur séjour provisoire en la tour à eux donnée par Jean Morhier, les indications du *Dictionnaire Universel* ne m'ont pas paru acceptables sans contrôle. J.-B. de Saint-Victor, M. Doniol après lui, sont tout à fait d'accord au sujet du don du manoir — *près Nigeon* — aux Minimes, non par Anne de Beaujeu, mais par Anne de Bretagne (1) :

« Anne de Bretagne fit don aux disciples de saint François de Paule de la maison royale, *située à Chaillot, qu'elle tenait de ses ancêtres les ducs de Bretagne, laquelle s'appelait manoir de Nigeon ou Hôtel de Bretagne.* Cette fondation fut faite en 1493 (2) ».

(1) S'il y a eu confusion, elle s'explique, et par les mêmes prénoms et par les rôles identiques des deux princesses. Anne de France ou de Beaujeu avait été régente du royaume pendant la minorité de Charles VIII, son frère, Anne de Bretagne avait été régente pendant que Charles, son royal époux, guerroyait en Italie.

(2) J.-B. DE SAINT-VICTOR. — *Tableau de Paris*

A en juger par la situation, telle qu'elle est décrite au *Dictionnaire Universel*, du manoir possédé par Anne de Beaujeu, *près Chaillot*, et de la propriété contiguë, avec sa chapelle de toutes grâces, ne croirait-on pas que le manoir de Guy de Penthièvre, ne serait plus « le manoir des ancêtres d'Anne de Bretagne ». En prenant à la lettre la version de M. Larousse, Anne, fille de Louis XI, serait bretonne d'origine.

M. Doniol (1) est plus explicite encore que M. de Saint Victor :

« En 1496, *la reine Anne* fit don à ces religieux (les Minimes) d'un second hôtel contigu au premier, *qu'elle avait acheté à Jean de Cerisi, bailli de Montfort l'Amaury, avec la chapelle voisine dédiée à Notre-Dame de toutes grâces* ».

Mais d'où vient ce nom de *Bonshommes ?*

Il n'est personne en France, qui

(t. précité, p. 1055). Il est à remarquer que M. de Saint-Victor écrit *Nijon*, quand il s'agit du village et *Nigeon* quand il s'agit du manoir.

(1) *Histoire du XVIe arrondissement de Paris.*

ignore Louis XI et la visite de saint François de Paule au roi mourant. Ce n'était pas une simple visite que lui demandait Louis, François était surtout pour lui un thaumaturge, un miraculeux guérisseur. Aussi, que d'attentions envers le Saint, mais le saint ne promit au roi que de prier et le roi mourut.

On prétend que Louis XI l'appelait *bonhomme*. De là les minimes tireraient le nom qu'ils gardèrent. En admettant cette version et l'héritage monastique d'un surnom insignifiant s'il n'était autrement expliqué, il faudrait se reporter à l'époque à laquelle *bon* et *homme* ne composaient pas un même mot. *Bon* équivalait à *saint homme*. On disait alors Bon homme, comme de nos jours on dirait « Mon brave ». *Baragouin* ne gagnerait pas moins à être décomposé. Au surplus, l'historiette n'a aucune authenticité.

Ce qui n'est pas contestable, c'est l'authenticité de la fondation, en Calabre, des *Minimes*, par saint François de Paule, vers 1346.

« Vers 1346, il avait institué son ordre sous le nom *d'Ermites de Saint François d'Assise* » (1), et on sait qu'il est de tradition chez les fransciscains de substituer à leur nom patronymique le nom de leur lieu de naissance. *François Maratille*, de son nom de famille, était né à Paule : il s'appela *François de Paule*.

Depuis les premiers siècles de l'ère chrétienne, les *ermites* étaient connus sous le nom de Bons hommes, non seulement en France, mais à l'étranger. Les Bonshommes de Chaillot aimaient si bien à s'en souvenir, que les peintures décorant « leur *beau cloître* représentaient les vies des *hermites* ». Ce détail nous est révélé par un explorateur anglais qui découvrit et même visita le couvent des *Bonnes Hommes*, en 1651. (Edmond Wahl, d'après sir Evelyn) (2).

Notre République a eu à sa tête un

____

(1) J.-B. DE SAINT-VICTOR. — *Tableau de Paris*, t. I, 2e partie, p. 1054.

(2) Voir aux *Annexes de l'Histoire du XVIe arrondissement de Paris* (M. Doniol), p. 258.

ci-devant Eliacin qui, dans son rôle de débutant, feuilleta des livres destinés à éclairer sa vocation. Eliacin y apprit que les *ermites*, avant de se réunir pour la prière en commun que facilitèrent *les communautés*, étaient des *solitaires*. Et de la vocation monacale à la vocation politique, le papillon sorti, ailes déployées, de la chrysalide, vola droit aux fleurs parlementaires qui s'épanouissaient au soleil du Grand Orient.

* * * * * * * * * * * * * * * * * *

A la clarté de l'astre oriental, M. Combes a ramené les religieux contemporains à l'état antique de *solitaires*. Il n'y a plus chez eux les pauvres ! « d'herbe tendre » à brouter, leurs prés sont tondus.

Le premier mari d'Anne de Bretagne, Charles VIII, honorait particulièrement François de Paule et ses Minimes. « Il leur fit bâtir à Tours, un couvent où le saint fondateur mourut le 2 avril

1507 » (1); le 1ᵉʳ mai 1510, le pape Léon X canonisait François.

Le choix qu'Anne avait fait de cet ordre, pour l'installer à Nigeon, en son manoir, provenait donc d'une vénération partagée.

Telle est, dans ses grandes lignes, l'histoire des *Bonshommes de Chaillot* qui, comme en leur chapelet, glisse ses patenôtres du manoir breton au monastère, don de « la bonne duchesse de Bretagne ».

Le charme que répand autour d'elle la paix monastique imprimait à la douce et pittoresque campagne qui l'entourait la saine attirance disparue. On s'y sentait si loin de Paris quand on en était si près.

Et voilà que, dans le tourbillon révolutionnaire, tout a été balayé. On n'entend plus ces cloches, la voix des églises des Bonshommes et des Visitandines se répondant les unes aux autres, comme si les monastères voi-

(1) J.-B. DE SAINT-VICTOR. — *Tableau de Paris,* t. I, 2ᵉ partie, p. 1055.

sins, branches d'un même arbre, avaient besoin de se rappeler le ciel qui couvre de roses leurs rameaux à l'aurore et les dore à l'heure prochaine du repos. Tout cela ne s'entend plus. On ne sonne plus au réveil, on ne tinte plus à l'angelus. C'est une partie de la physionomie du bon vieux Chaillot disparue ; c'est le rêve du passé qui repose encore par la paix qu'il rappelle, d'un présent tourmenté, d'un avenir incertain.

ANNEXES

QUELQUES NOTES SUR LAMBALLE

« Premier Siège du Duché-Pairie de France »

ANNEXES

QUELQUES NOTES SUR LAMBALLE

« Premier Siège du Duché-Pairie de France »

———

Le 7 janvier 1767, Marie-Thérèse-Louise de Savoie-Carignan épousait le Prince de Lamballe, fils du Duc de Penthièvre, et j'ai sous les yeux l'acte de baptême d'un enfant, né à Maroué la même année, à un mois et quelques jours près (17 février 1767), acte légalisé le 14 février 1783 par le Sénéchal de Lamballe, Pierre Le Dissez de Pénanrun.

Peu importe le nom de l'enfant. La seule chose à retenir, ce sont les termes de la légalisation. Le Sénéchal y va de tous ses titres : *premier juge civil, criminel et de police de la Principauté de*

Lamballe, premier siège du duché-pairie de France.

A la Révolution, il ne s'agira plus de Principauté, le duché-pairie s'efface de la carte de France. Plus de Penthièvre, mais, au point de vue du nombre des communes qu'il centralise, Lamballe est un centre important.

A la transformation de la carte de Penthièvre, Lamballe est district. Jadis il ne dépendait que de l'évêque de Saint-Brieuc, et seulement au spirituel. Administrativement, il relèvera désormais de l'autorité temporelle siégeant au chef-lieu départemental. Il n'est plus aujourd'hui que chef-lieu de canton.

Jusqu'ici, il n'est venu à ma connaissance que trois personnages ayant porté le nom de Lamballe. Le premier d'entre eux fut un évêque, Alain de Lamballe. Il vivait vers l'an 1316, époque à laquelle il occupait le siège épiscopal de Saint-Brieuc, mais à cette époque, la capitale de Penthièvre n'était que capitale d'un comté, et par conséquent ne rentre que pour mémoire dans le cadre de la Principauté.

Il n'en est pas ainsi de la Princesse de Lamballe qui, cinq siècles plus tard, dut ce titre à son mariage, non à sa naissance. La ville dont elle porta le nom n'est pas plus son berceau qu'elle ne l'est de Jobert de Lamballe, ce prince de la science chirurgicale : Jobert, de Lamballe par élection, de Matignon par naissance.

La Princesse ne laissa que le souvenir d'une cruelle et imméritée destinée, et comme elle, le célèbre chirurgien avait été frappé au cœur,..... Il s'absorba plus que jamais dans les études où l'entraînait un amour supérieur à l'autre, il se livra corps et âme à la passion de son art et la science lui dut des œuvres remarquables. La liste nous en est donnée par le docteur L. H[n], dans *La Grande Encyclopédie*, Tome XXIe, au mot *Jobert* (Paris, Lamirault) :

« Traité des plaies d'armes à feu (Paris, 1833) ; Etudes sur le système nerveux, 2 volumes (Paris, 1838) ; Traité de chirurgie plastique, 2 volumes avec atlas (Paris, 1849); Recherches sur les appareils électriques des poissons, avec atlas (Paris, 1858); De la réunion en Chirurgie, 2 volumes avec atlas (Paris, 1864). »

Ce dernier ouvrage précéda de trois ans seulement la mort de Jobert de Lamballe qui, en dehors de ses livres, légua à la science d'importantes découvertes thérapeutiques. Je compléterai ce sommaire de quelques notes personnelles inédites, dont les preuves sont à mes archives de famille.

LAMBALLE HAUGOUMAR

Au souvenir de Monseigneur Alain de Lamballe et de la princesse qui porta le nom de sa principauté; au souvenir de Jobert qui scella ce nom de sa haute réputation scientifique, s'ajoute celui d'un prénom... le *prénom de Lamballe* qui, au nom de la « bonne ville », fut donné au nouveau-né de l'un de ses maires.

En reconnaissance des signalés services rendus de pères en fils, par la famille Haugoumar des Portes, l'enfant eut pour parrains les membres de la municipalité. Il reçut à son baptême *le prénom de Lamballe* et s'appela *Lamballe Haugoumar.*

LA PRINCESSE DE LAMBALLE

Des bandits déshonorèrent la Révolution que Louis XVI avait inaugurée par d'utiles réformes et qu'une histoire aussi perfide que les actes vers lesquels l'esprit du mal la fit dévier, a représentée sous des couleurs trop souvent mensongères.

La Princesse de Lamballe, fidèle à son amie la reine, « l'étrangère », avait été également fidèle à son devoir » : elle était surintendante de la maison de Marie-Antoinette, double crime aux yeux de ces *honnêtes* gardiens de la sûreté publique (la sûreté des assassins).

La Princesse fut massacrée dans les

(1) Marie-Thérèse-Louise de Savoie n'était-elle pas étrangère elle-même ?

circonstances les plus horribles. Son ca-
davre... Passons. La boue s'épaissit,
elle rejaillit non seulement sur les cri-
minels, mais sur les apologistes du
plus monstrueux des Régimes.

« Mignonne, gracieuse, Madame de
Lamballe avait la tête toute petite, les
traits fins et un peu chiffonnés, le teint
d'une blancheur éblouissante, et d'ad-
mirables cheveux blonds » (1).

Elle n'avait que 17 ans, la pauvre,
quand on la maria au Prince de Lamballe, un affreux libertin de 19 ans à
peine, qui, dès l'année suivante (6 mai
1768) mourut des suites de ses débau-
ches.

La jeune veuve aimait le duc de Penthièvre d'une tendresse filiale que son
beau-père lui rendait en paternelle af-
fection. A Passy où ils habitaient dans
le voisinage l'un de l'autre, le duc en
son château, sa belle-fille en la maison
qu'elle avait achetée du duc de Luynes,
le 1er février 1783, ils se voyaient jour-

____

(1) *La Grande Encyclopédie*, t. XXI, au mot *Lamballe.*

nellement. Par une étrange coïncidence, ce fut en la maison même de la Princesse de Lamballe que décéda Jobert de Lamballe, le 25 avril 1867.

Des cinq enfants du duc de Penthièvre, une seule fille survivait. La belle-sœur de notre Princesse, Marie de Bourbon-Penthièvre, s'était unie au duc de Chartres, le 5 avril 1769.

Le duc de Chartres, fils du duc d'Orléans, premier prince du sang, fut le père du roi Louis-Philippe, bisaïeul de Monseigneur le duc d'Orléans. Par sa trisaïeule Marie de Bourbon Penthièvre, S. A. R. est donc duc de Penthièvre et Prince de Lamballe, son arrière grande tante, la belle-fille du duc n'ayant pas eu d'enfants du Prince.

―――

HÉRITIERS ET ACQUÉREUR DE PENTHIÈVRE

Le duc de Penthièvre, aïeul de Louis Philippe, avait pour père Louis-Alexandre de Bourbon, comte de Toulouse, fils légitimé de Louis XIV. Le comte n'avait pas d'autre héritier. Louis-Alexan-

dre avait acheté cette Terre considérable, un vrai petit Etat, de Marie-Anne de
Bourbon, veuve du Prince de Conti, laquelle l'avait acquise de Louis-Joseph,
fils de César, duc de Vendôme, légitimé de Henri IV, qui le tenait de sa
femme Françoise, fille de Philippe-
Emmanuel de Lorraine, duc de Mer-
cœur, l'âme de la Ligue en Bretagne.

Marie, la fille unique de Sébastien de
Luxembourg, avait, en épousant Mer-
cœur, apporté Penthièvre à la maison
de Lorraine; or Sébastien avait pour
mère Charlotte de Brosse. Il était le
neveu et l'héritier le plus proche de
Jean IV de Brosse, duc de Brosse, mort
sans enfants en 1566.

Il suffira de rappeler qu'en échange
de l'abandon de tous les droits que Jean
aurait à faire valoir sur la Bretagne,
François Ier, l'avait remis en possession
du comté confisqué au maréchal de
Brosse, mari de Nicole de Penthièvre.

Sébastien de Luxembourg fut un des
plus grands capitaines de son temps.
Ce fut pour récompenser ses brillants

services que le comté fut érigé en duché-pairie (1569).

Ce titre fut confirmé par Lettres-patentes de Louis XIV, en faveur du comte
de Toulouse, lors de son acquisition,
car il ne tenait Penthièvre, ni par droit
de naissance, ni par droit héréditaire.

JOBERT DE LAMBALLE

Les compatriotes de Jobert de Lamballe — je me flatte d'en être — savent-
ils seulement que cet exemplaire(1) fils
de ses œuvres n'est pas né en leur ville.
Se doutent-ils de ses débuts à Paris, du
travail acharné de l'étudiant qui, pendant les meilleures années de sa jeu-
nesse, s'est abstenu de tout plaisir, s'est
tout donné au labeur sans être ni en-
couragé, ni secondé? Il a bien un ami,
un protecteur, mais cet ami ne peut
que de loin l'aider de ses conseils, car
Jobert est à Paris, et son ange gardien

(1) Je passe sur les imperfections inhérentes au
défaut d'éducation de l'homme qui s'était fait lui-
même.

est retenu à Lamballe par sa profession
de docteur en médecine. C'est à ce docteur que le célèbre chirurgien doit
l'idée première de se faire médecin.

Avec 6.000 francs (1) de capital, don
d'un généreux abbé, somme qui annuellement ne devait lui être comptée que
par modiques avances, Jobert achève
comme il peut, ses « humanités ». Il part
pour Paris, se loge mal, se nourrit encore plus mal, en est réduit à acheter
sur sa maigre pension, vêtements, livres, instruments indispensables de

(1) Ce n'est pas en 1820 que l'écolier vint à Paris,
comme on le lit dans l'article biologique sur
Jobert, à la p. 994 du t. IX du *Grand Dictionnaire
universel* de P. Larousse, mais en 1818, par conséquent à 18 ans. Ce n'est pas non plus avec une rente
de 1.200 francs, comme il est encore dit au même
article, que Jobert acheva ses études jusqu'au doc-
torat (1828), mais avec 6,000 francs seulement — en
capital.

Le docteur Bedel, dépositaire de ce don de son
ami, l'abbé Micault de Soulleville, y ajouta de ses
deniers personnels, la somme de 400 francs pour son
voyage de Lamballe à Paris, et pour achats d'effets.
C'est de *la main même de Jobert* que je tiens ce détail
inédit :

« Je soussigné Antoine Jobert, *sur le point de partir
pour Paris, en calité d'élève en médecine*, reconnais
que monsieur Bedel, docteur médecin en cette ville.
est *dépositaire* d'une somme de *six mille livres* qu'il
a reçue de Monsieur *Charles Thomas Micault de
Soulleville*, Prêtre, pour faire face aux dépenses qui

dissection, jusqu'à ce qu'enfin il puisse voler de ses propres ailes, et quel essor !

Le voilà chirurgien des hôpitaux (1829 (1), agrégé de la Faculté (1830), chirurgien consultant du Roi (1831),

me seront nécessaires pour parvenir à la profession de docteur en médecine, m'obligeant à n'exiger de mon dit sieur Bedel d'autre somme qu'il jugera m'être nécessaire pendant tout le tems que durera mon éducation conformément aux intentions de mon bienfaiteur.

« A Lamballe, le 23 décembre mil huit cent dix huit. »

« Antoine Jobert.

« Je reconnais avoir reçu de Monsieur Bedel, tant pour achats d'effets que pour faire face aux frais de mon voyage, la somme de *quatre cents livres*.

« Les jours et an ci-dessus.

« Antoine Jobert. »

Les biologues n'ont pu parler des angoisses de Jobert, actionné par les héritiers du généreux abbé, en restitution de ces 6.000 francs qui étaient tout l'avoir, tout l'espoir d'avenir du futur chirurgien.

Le docteur Bedel soutint le procès, et son intime, maître Aulanier — l'auteur du traité si connu sur le domaine congéable — l'un des juristes les plus renommés de Bretagne gagna la cause de Jobert. J'ai le reçu du maître délivré au docteur. Le total de ses honoraires ne dépassait pas 67 francs, dont M. Bedel se garda de grever les 6.000 francs.

Dès 1821, l'élève en médecine était interne, en 1827, il était aide d'anatomie, en 1828, prosecteur, la même année qu'il fut reçu docteur.

(1) Antoine Joseph Jobert de Lamballe était né le 17 décembre 1799. Il n'avait par conséquent pas 30 ans ou à peine les avait-il.

membre de l'Académie de Médecine
(1840), chirurgien de l'Empereur(1852),
professeur à la Faculté de Médecine
(1854), membre de l'Institut (1856) (1).

Et dire que les études de Jobert s'é-
taient, pour atteindre semblable résul-
tat, terminées sans la moindre dette.
Encore y avait-il en caisse un petit re-
liquat que le docteur, « son maître »,
comme toute sa vie, le grand chirurgien persistait à l'appeler, remit à son
nouveau confrère.

Lamballe a célébré sa gloire. Une pla-
que du boulevard qui longe la gare et ses
dépendances porte le nom d'Antoine Jobert. C'est peu, mais ce n'est pas tout.

Au-dessus de l'entrée de la chapelle
funéraire que, de ses deniers, la famille du renommé défunt a élevé à sa
mémoire, on lit :

« Il repose à côté de sa mère ».

(1) D' L. H*. — *La Grande Encyclopédie*, id, id.,
au mot *Jobert.*

LE MANS. — IMP. MONNOYER. — 1912.